王钢侃成语

王 钢 / 著　皮痞祖 / 绘

世间百态

成语里的多彩故事

中国纺织出版社
国家一级出版社
全国百佳图书出版单位

内 容 提 要

本书以创新的方式和思维解读成语，让孩子对成语中的人和事产生共通的感情，让孩子有充分的带入感，加深对成语的理解。每个成语后面都附有成语的出处、解释和成语的使用，让孩子不仅在轻松快乐的氛围下学习成语，更能从中获取大量的成语知识。

图书在版编目（CIP）数据

世间百态：成语里的多彩故事/王钢著.—北京：中国纺织出版社，2018.7
（王钢侃成语）
ISBN 978-7-5180-4869-4

Ⅰ.①世… Ⅱ.①王… Ⅲ.①汉语-成语-儿童读物
Ⅳ.① H136.31-49

中国版本图书馆 CIP 数据核字（2018）第 067301 号

策划编辑：段子君　　责任印制：闫重莉

中国纺织出版社出版发行
地址：北京市朝阳区百子湾东里 A407 号楼　邮政编码：100124
销售电话：010—67004422　传真：010—87155801
http://www.c-textilep.com
E-mail: faxing@c-textilep.com
中国纺织出版社天猫旗舰店
官方微博 http://weibo.com/2119887771
北京顶佳世纪印刷有限公司印刷　各地新华书店经销
2018 年 7 月第 1 版第 1 次印刷
开本：710×1000　1/16　印张：5
字数：30 千字　定价：29.80 元

凡购本书，如有缺页、倒页、脱页，由本社图书营销中心调换

序言

我只是想,把鱼儿放回水里

中国小孩儿,对成语是熟悉的。

要抄写要听写,要填空要造句……作文写不好?那是因为你的词儿太少,来来来,抄好词好句,特别是要多积累成语!不知道哪个是成语哪个不是成语?好办啊,四个字儿的,一个也不要放过!

我的一个同学,就超级用功。他一有空,就吭哧吭哧地抄成语词典,再哇哩哇啦地背下来。我对他的精神十分佩服,但是要向他学习?我才不干。有那功夫,我宁可把一百单八将的名字和绰号默写下来,回味好汉们的种种英雄行为,摩拳擦掌,不亦乐乎?

中国的小孩儿,对成语又不是真的熟悉。

看拼音写词语?会写。把成语补充完整?会填。根据意思来选择适合的成语?也会选啊。

可是,到了说话写文,就剩抓耳挠腮、张口结舌了。

奇了怪了,那些下了好大功夫搬到练习册和测试卷上的成语,怎么就好像丢到了爪哇国?

你看，那位超级用功的同学，抱歉，我已经记不得他的名字了。但是有一条是肯定的，他的作文没我写得好。

这是为什么？

我常常觉得，每一个成语，就好像是一条鱼。

每一条鱼都有自己的模样，每一条鱼都有自己的气质。

我闭上眼睛，浮想联翩……

同样是好看，却各有各的好看。

"亭亭玉立"该是挺苗条的，可能是绿色的，淡淡的那种绿。她很安静，就算是笑一笑，也是悄然无声。你还没瞧仔细呢，忽然一转身，她就离开了，只留下一抹俏丽的背影。

"倾国倾城"就不一样了，她必须张扬，必须热烈，必须是让人目眩神迷，是那成千上万的士兵在特洛伊城下看到海伦，便觉得为这样的女子而进行十年的艰苦战争也心甘情愿。

同样是威武，却各有各的威武。

"一身是胆"，英气逼人，有"虽千万人，吾往矣"的豪迈。

"不入虎穴，焉得虎子"，则有清晰的思路，更有当机立断的勇气。

每一条鱼，都是生动的。

因为无论是在口耳相传的故事中，还是在脍炙人口的文学作品里，抑或是我们的谈笑风生之中，成语都是活的。

可是，当我们为了应付考试而去死记硬背时，这些成语就变了。

见过离开了水的鱼儿么？

童年的记忆，仿佛刻在石头上。

童年的阅读，是水火也难磨灭的。

我的第一本正儿八经的读物，应该就是一本连封面都残缺不全的《成语故事》。直到今天，那每一段文字、每一幅插画，细细回想仍历历在目。这本书在我的心里种下的，岂止是语文的种子？

读懂成语，也是在了解历史；了解历史，也是在认识人物；认识人物，也是在体味精神；体味精神，更是在传承文化……

我总是想啊，怎样把鱼儿放回水里？

孩子们啊，成语虽然古老，但依然鲜活；虽然严肃，却颇有趣味。

我不想重复"成语故事"。

我更不想假装解释成语。

我只是想帮助孩子们以最轻松的方式去重新感悟成语——在今天的语境中，品味经典的智慧，宛如尽情畅游在横无际涯的海洋。

王钢

2018 年 4 月

目 录

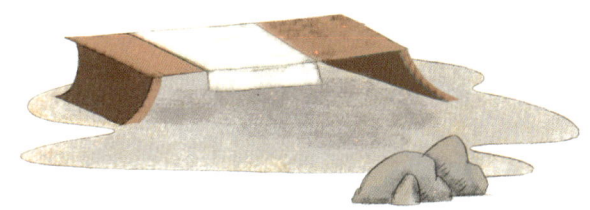

- 一　振振有词 //1
- 二　梦寐以求 //4
- 三　小巫见大巫 //7
- 四　惊天地，泣鬼神 //11
- 五　食言而肥 //13
- 六　杀人不眨眼 //16
- 七　莫名其妙 //19
- 八　归心似箭 //23
- 九　袖手旁观 //26
- 十　原形毕露 //29
- 十一　见异思迁 //32
- 十二　背信弃义 //36
- 十三　哭笑不得 //39

十四	只许州官放火，不许百姓点灯 //42
十五	此地无银三百两 //45
十六	彪形大汉 //48
十七	破天荒 //51
十八	缓兵之计 //54
十九	捕风捉影 //56
二十	明修栈道，暗度陈仓 //60
二十一	耿耿于怀 //63
二十二	难兄难弟 //66

一
振振有词

今天有人见面和我聊天，他本来是想夸我来着，可是他说："王老师，你讲起故事来可真是振振有词！太有意思了！"

嗯？怎么夸得我心里不那么舒服呢？这真是在夸我吗？

其实，振振有词和侃侃而谈虽然看起来很像，可是用法是有很大不同的！

先说一个流传很久的笑话。一个北方人到南方去，当地人在迎接他的宴席上，特别摆上了菱角。在今天，人们经常把地球比成一个村子，因为交通、信息的发达，哪怕相隔万里，也好像近在咫尺。对吃货们来讲，即使足不出户也能吃到世界各地的美食。可在那个时候，别说世界美食了，就是千里之外的特色小吃，你要是不亲自跋山涉水走过去，也是无缘入饱口福的。北方人不认识南方的特产菱角，也在情理之中。这个北方人呢，不认识就不认识呗，还不肯让人家知道他不认识，

世间百态
成语里的多彩故事

觉得没面子,问也不问,抓住一只就往嘴里塞,差点儿没把牙给硌掉!亲爱的小听众,请展开想象吧,想象一下那尴尬的场面!主人很惊讶,就好心告诉他,这菱角,得把壳剥掉了,吃里面的肉。你猜客人怎么说。北方人一边捂着腮帮子,一边振振有词:"我知道!我这么吃,有道理,就是为了……清热去火!"主人大笑:"那,您的家乡有菱角吗?""当

然有了!漫山遍野,到处都是!"

当然,我们有点儿常识就该知道,菱角是一种水生植物,离了水就活不了,漫山遍野?那是绝对不可能的。可是那个北方人为什么不懂装懂,强词夺理呢?说到底,就是为了面子,怕人家知道自己的见识少而被人瞧不起。但是结果怎么样呢?

孔子说过这样一句话:"知之为知之,不知为不知,是知也。"什么意思呢?就是知道就是知道,不知道就是不知道,这才是真正的智慧。

说到这里,你懂得了"侃侃而谈"和"振振有词"的区别了吧?我啊,努力做一个侃侃而谈而非振振有词的人,也祝你呢,成为一个侃侃而谈而非振振有词的人。

【成语溯源】

清·梁启超《关税权问题》:"今者外人之以排外相诬者,既振振有词,其乌可更为无谋之举,以授之口实也。"

【成语释义】

理直气壮的样子。形容自以为理由很充分,说个不休。

【举一反三】

近义词:理直气壮;义正词严;念念有词
反义词:理屈词穷;张口结舌

二 梦寐以求

在我的微信公众号"我只愿风行水上"的后台,收到了一个小朋友写的作文,我开心了一整天。不对,岂止一整天啊!我是什么时候想起来,就会眉开眼笑。于是,忍不住分享给我的朋友们——大家都笑,说:"瞧你嘚瑟的!"

这个小朋友写的是什么作文呢?

《我最想梦见王钢叔叔》!

哈哈!我是不是很有理由嘚瑟?

言归正传,咱说说"梦寐以求"。

梦寐以求,表达的意思就是非常渴望,渴望到了朝思暮想以至梦里都念念不忘的程度。

你对什么梦寐以求呢?

也许是一个一百分?

也许是一本故事书？

也许是一个玩具？

也许是一个新书包？

也许是一支冰激凌？

也许是一次旅行？

也许是一次大餐？

也许是一次来之不易的成功……

我们是揣着一个又一个"梦寐以求"渐渐长大的。

可并不是每一个人都会将"梦寐以求"变成现实。

有一篇文章，讲述了一穷一富两个和尚的故事。他们俩都想到南海去，富的说他数年来都想买一条船出发，而穷的只凭着"一瓶一钵"，就实现了这一梦想。

写这篇文章的作者，是清代学者彭端淑。他写这个故事，是为了说明这样的道理："天下事有难易乎？为之，则难者亦易矣；不为，则易者亦难矣。"翻译一下，就是天下的事或难或易，在于我们做还是不做。做的话，再难的事情也会变得容易；而不做的话，再容易的事情也会很难达成。

没有行动，梦想，就只能是梦想。

在二十八岁那年，我有了一个梦想——成为一个作家。

从那一天起，我便开始了练笔，每天少则三两千字，多到一两万字，无论如何，总要写上几笔。

"成功的花儿，人们只惊羡她现时的明艳，然而当初她的芽儿，

成语里的多彩故事

浸透了奋斗的泪泉,洒遍了牺牲的血雨。"

梦寐以求,不如奋斗不息!

【成语溯源】
《诗经·周南·关雎》:"窈窕淑女,寤寐求之。"

【成语释义】
寐:睡着。做梦的时候都在追求。形容迫切地期望着。

【举一反三】
近义词:朝思暮想
造句:这一切,也正是鲁迅所梦寐以求并终生为之奋斗的!

三

小巫见大巫

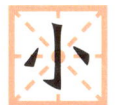

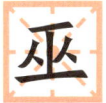

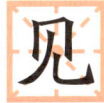

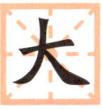

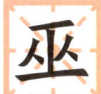

喂，你老爸打呼噜吗?

我估计，有不少小孩儿都会点头，还会惟妙惟肖地模仿老爸打呼噜。有一位诗人，还写了一首诗：

爸爸的鼾声
就像是山上的小火车
它使我想起美丽的森林
爸爸的鼾声
总是断断续续的
使我担心火车会出了轨
咦
爸爸的鼾声停了

世间百态
成语里的多彩故事

是不是火车到站了？

我有一个朋友是篮球教练，人高马大。有一天啊，我们俩说起了打呼噜。他说自个儿的呼噜打得就很厉害，堪称"声如奔雷"。我笑了，说幸好没有跟你同住一个屋，要不我岂不是要整晚睡不着觉？

他却很认真地摆摆手："我见过更厉害的。

"有一回，我出去比赛，跟另外一个教练住在一起。我啊，就害怕人家会受影响，所以一放下行李就说自己挺爱打呼噜，必须先道个歉，请他最好是做个准备，比如说在耳朵眼儿里塞个棉花啥的。

"人家却哈哈大笑，说正准备跟我说一样的话……"

哦？这也是一个爱打呼噜的？那，这两位见了面，那是棋逢对手啊。

"我听了，也哈哈大笑，心里就踏实了。如果说一个打呼噜，一个不打呼噜，那么不打呼噜的那个肯定睡不着。可要是两个人都打呼噜，那谁也甭惭愧了，各打各的，来一个二重唱！"

哈哈，这样的情景，想着就让人好笑。

"第二天，我是顶着黑眼圈上赛场的。为什么？唉，我这呼噜，碰上了人家那呼噜，是小巫见大巫！他睡得香打得香，我可是被吵得一宿没合眼！"

就在这时，另外一个朋友插话了。

"我也有让呼噜吵得睡不着的经历，"他说，"打呼噜的人啊，跟我还不是一个屋，是隔壁。"

啊？

小巫见大巫，比喻相形之下，一个远远比不上另一个。

王钢 侃 成语

世间百态 成语里的多彩故事

【成语溯源】

汉·陈琳《答张纮书》:"今景兴在此,足下与子布在彼,所谓小巫见大巫,神气尽矣。"

【成语释义】

巫:旧时以装神弄鬼、替人祈祷为职业的人。原意是小巫见到大巫,法术无可施展。后比喻相形之下,一个远远比不上另一个。

【举一反三】

近义词:相形见绌

造句:仅仅十万人口的双桥镇何足以供回旋,比起目前这计划来,真是小巫见大巫!

四

惊天地，
泣鬼神

相传仓颉在黄帝手下当官，专门管理圈里牲口的数目、囤里食物的多少。仓颉这人挺聪明。可牲口、食物的储藏量在逐渐增加、变化，光凭脑袋记不住了。当时又没有文字，更没有纸和笔。怎么办？仓颉整日整夜地想办法，先是在绳子上打结，用各种不同颜色的绳子，表示各种不同的牲口、食物，用绳子打的结代表每个数目。后来，又在绳子上打圈圈，在圈子里挂上各式各样的贝壳，来代替他所管的东西。增加了就添一个贝壳，减少了就去掉一个贝壳。

这天，他走到一个三岔路口时，看到三位老人。一个坚持要往东，说有羚羊；一个要往北，说前面不远可以追到鹿群；一个偏要往西，说有两只老虎，不及时打死，就会错过了机会。原来他们都是看着地上野兽的脚印才认定的。仓颉心中一喜：既然一个脚印代表一种野兽，我为什么不能用一种符号来表示我所管的东西呢？他高兴地拔腿奔回

世间百态
成语里的多彩故事

家,开始创造各种符号来表示事物。黄帝知道后,大加赞赏,命令仓颉到各个部落去传授这种方法。渐渐地,形成了文字。

相传仓颉造字成功,发生了怪事儿,那一天白天竟然下粟如雨,晚上听到鬼哭魂嚎。为什么下粟如雨呢?因为仓颉造了文字,可用来传达心意、记载事情,自然值得庆贺。但鬼为什么要哭呢?有人说,因为有了文字,民智日开,民德日离,欺伪狡诈、争夺杀戮由此而生,天下从此永无太平,连鬼也不得安宁,所以鬼要哭了。

你说有意思不?今天我们用来表示震惊的"惊天地,泣鬼神"这一成语,竟然和仓颉造字有关。杜甫还曾有这样的诗句:"笔落惊风雨,诗成泣鬼神"。他歌颂的,是谪仙人李白。

【成语溯源】
清·汪琬《烈妇周氏墓表》:"然则匹妇虽微,及其精诚所激,往往动天地,泣鬼神,何可忽也?"

【成语释义】
使天地为之震惊,使鬼神为之哭泣。

【举一反三】
近义词:惊天动地
反义词:波澜不惊

五

食言而肥

人为什么会胖呢?

你会拿出一大堆答案:胃口好、运动少、压力大、睡懒觉、喜欢甜食……

春秋时期的鲁哀公却给了一个相当有创意的答案。

有个大臣叫孟武伯,最大的毛病是说话不算数。有一天鲁哀公举行宴会,孟武伯参加了。在宴席上,孟武伯故意问一个叫郭重的人:"您怎么越来越胖了?"季康子说:"武伯该受罚吃肉!因为我国接邻敌国,我们不能陪同君王同行,从而不能参加这次远行,武伯你却觉得在外奔劳的郭重肥胖。"哀公怎么说呢?"是食言多矣,能无肥乎?"用今天的话来讲,就是:"一个人常常吃掉自己的诺言,当然会胖起来呀!"注意,鲁哀公叫不是在说郭重,而是在讽刺孟武伯。你想,他把自己的话都吃掉了,不就是说话不算数的意思吗?

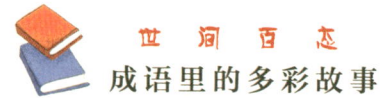

世间百态
成语里的多彩故事

这就是"食言而肥"的来历。

明代刘伯温所著的《郁离子》中,讲述了一个令人触目惊心的故事。

济阴有位商人,渡河的时候沉了船,一位渔夫驾着小舟去救他,不等船划到跟前,商人就急忙大喊:"你能救了我,我送给你一百两银子。"渔夫用船把他载到岸上去以后,他却只给了渔夫十两银子。渔夫问他:"我救你的时候你亲口许给我一百两银子,可是现在只给十两,这恐怕不合理吧?"商人马上变了脸说:"你是个打渔的,一天能有多少收入?现在一下子得了十两银子,还不满足吗?"渔夫很不高兴地走开了。过了些日子,这位商人坐船沿着吕梁河东下,船撞在礁石上又沉了,而那位渔夫刚好在他沉船的地方。有人见渔夫没动,便问他:"你怎么不去救救他?"渔夫轻蔑地回答说:"这是那位答应给我百两银子却又说了不算的人。"于是,渔夫把船停在岸边,看着那位商人在水里挣扎了一阵就沉没于河水之中了。

彼此信任,何等重要!

【成语溯源】

《左传·哀公二十五年》:"是食言多矣,能无肥乎?"

【成语释义】

食言:失信。指不守信用,只图自己占便宜。

【举一反三】

近义词:言而无信

反义词:言而有信

六

杀人不眨眼

"杀人不眨眼"是个可怕的词儿——杀人,就是一件很可怕的事情,何况"杀人不眨眼"?我们经常用这个词儿来形容那些暴徒的凶残。如举世闻名的南京大屠杀中,日本士兵的所作所为,正是表现了令人难以想象的残暴。他们使用机枪扫射、集体活埋等方式杀死手无寸铁的平民,甚至举行了杀人竞赛,连孕妇和婴儿也不放过……

人类,竟然可以做出那样可怕的事情!

而追根溯源,我们会发现"杀人不眨眼"的典故中,还有令人肃然起敬的另一句话。

宋朝普济《五灯会元》卷八《圆通缘德禅师》载,宋太祖发兵平定南唐,曹翰带兵渡江,闯入庐山寺。寺里的和尚已逃避,老和尚缘德禅师却坐着不动。曹翰见他不理不睬,就生气地喝道:"汝不闻有杀人不眨眼将军乎?"缘德平静地答道:"汝安知有不惧生死和尚耶?"

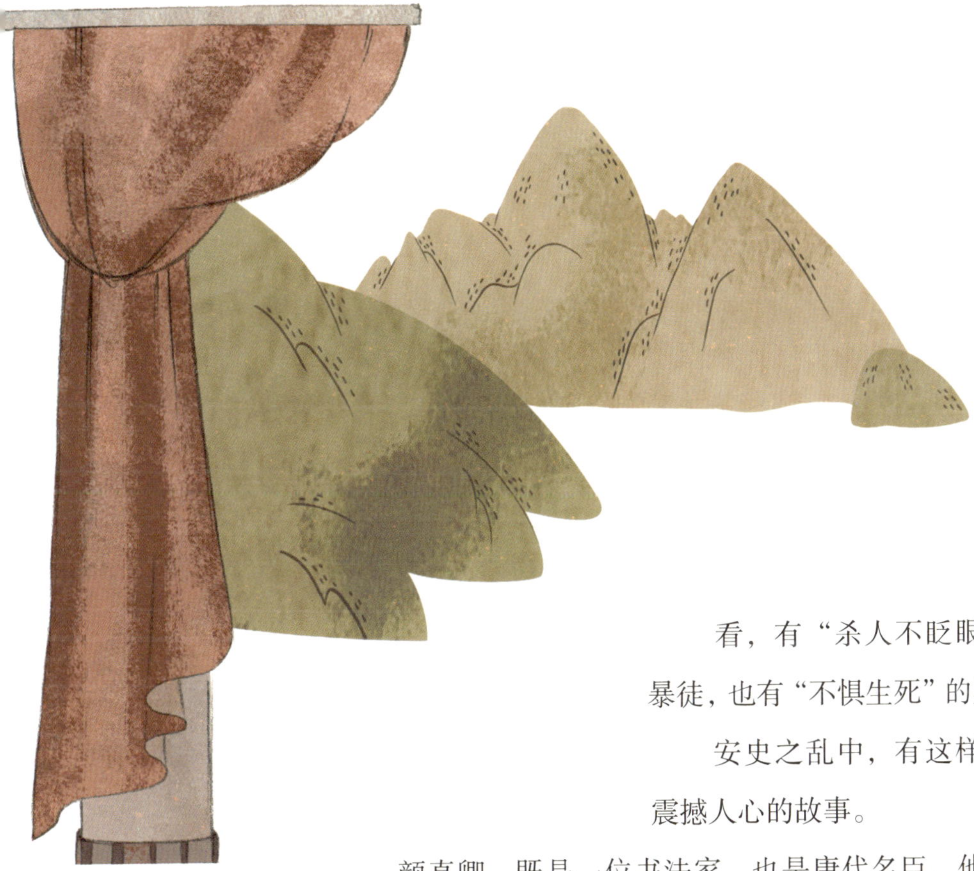

看，有"杀人不眨眼"的暴徒，也有"不惧生死"的勇士。

安史之乱中，有这样一个震撼人心的故事。

颜真卿，既是一位书法家，也是唐代名臣。他奉命劝李希烈息兵归降，李希烈欣赏颜真卿，反劝他助自己反唐。他指着李希烈的鼻子，痛骂道："可惜我手中没刀，有刀就把你宰了，看你还来不来劝我！"后来，李希烈派人在院中挖了一个大坑，扬言要活埋颜真卿，颜真卿极为坦然："死就死，这是我的命！"并自作墓志和祭文，准备以死殉国。李希烈还不死心，又让手下在院子里堆上柴，生起大火，说："你如果还不投降，就自己往火堆里跳吧！"颜真卿二话不说，就往火堆里跳，李希烈的手下连忙扯住了他。就这样，颜真卿既不吃软，也不吃硬。李希烈无法，软禁折磨了他三年，最终将他

成语里的多彩故事

缢死。颜真卿死时还骂不绝口,终年七十六岁。

英雄,终将被历史铭记。

【成语溯源】

宋·释普济《五灯会元》卷十一:"问:'如何是大善知识?'师曰:'杀人不眨眼。'"

【成语释义】

杀人时眼睛都不眨一下。形容极其凶狠残暴。

【举一反三】

近义词:杀人不见血

造句:杨林是个杀人不眨眼的魔头,让人见了不觉毛发直竖,身子寒抖不定。

七

莫名其妙

说起最容易写错的成语,"莫名其妙"绝对可以排到前面。不信?就请你的爸爸妈妈写写看,我等着啊——5、4、3、2、1。看看啊,名,是姓名的名,有没有写成明白的明、明天的明?其,是其他的其,有没有写成奇怪的奇、稀奇的奇?如果没有写错,哎哟喂,了不起,请一定要给你的爸爸妈妈点个赞。如果写错了,哦,不怪他,也许他的语文是体育老师教的。

其实啊,弄明白这个成语的意思,就不那么容易写错了。呶,莫,是"不"的意思。有句俗语,叫"莫伸手,伸手必被捉"。在南京呢,还有一个著名的湖,叫"莫愁湖"。名,在这儿的意思不是姓名,也不是著名,而是"说出"。还有一个成语,叫"不可名状",就是"不可以说出它的样子",也是这个"名"字。其,就是"他的"。妙,则是"奥妙",或者说"门道"。好,连起来解释,莫名其妙,就是

世间百态
成语里的多彩故事

[20]

王钢侃成语

说不出其中的奥妙。

这个词儿，在生活里是经常用的。

我妈妈说了爸爸一顿，说他炒菜的时候不应该先放蒜瓣儿而应该后放蒜瓣儿，还说切黄瓜应该切成片儿而不应该切成段儿。爸爸把围裙一扯，生气地说："真是莫名其妙！"

我爸爸也有不痛快的时候。正吃饭呢，他忽然就脸一沉，把筷子一放，到一边去了。我和妈妈问他怎么了，他却一言不发。真是莫名其妙！

什么？你不懂？你还是个小孩儿嘛！别说你不懂了，在以前啊，我对这样"莫名其妙"的事情，也是不理解的。而且，我这人脾气也不小，当别人莫名其妙的时候，我也会无名火起，于是别人就会觉得我这人也莫名其妙，这样，矛盾就升级了，甚至从一点儿火星变成了一场火灾。

彼此接纳，互相理解，真的是说着容易做起来难。

我现在呢，比以前是聪明了一点点。我认识到，每个人都是一个世界，而我们是不可能完全认识对方的世界的，尤其是当对方把门关上的时候。是的，我们会很惊讶："不就是不小心碰掉了你的铅笔吗？就这么生气？真是莫名其妙！"而我们不知道的是，她的爸爸妈妈刚刚吵了一架，她满肚子委屈却又没办法讲给人听，而你正好撞到了枪口上……

唉，一声叹息。还是不要着急吧，要习惯包容。

世间百态
成语里的多彩故事

【成语溯源】

清·吴趼人《二十年目睹之怪现状》:"我实在是莫名其妙,我从那里得着这么一个门生,连我也不知道。"

【成语释义】

说不出其中的奥妙。指事情很奇怪,说不出道理来。

【举一反三】

反义词:洞若观火

造句:这个人与众不同,常有些令人莫名其妙的惊人之举。

八

归心似箭

我自以为比较享受离家在外的日子。每一座城市，都好像是一本欢迎我打开的书，充满了吸引力。白天，我会背着包在大街小巷随意走走，轻松惬意；晚上，我则会坐在窗前看看万家灯火，再敲上一篇文章，悠然自得。

我女儿问我，你想家吗？

我当然想她和她妈妈，可是却不觉得这种感情有多强烈，所以会老老实实地摇摇头。

可是，当踏上了回家的路时，感觉就截然不同了。

我会觉得心跳加速，会一次又一次地看表，会望着窗外一闪而过的树木发呆。

我的心里，满是我心爱的人的笑脸和话语，甚至会回忆家里的每一盆花和每一张画。

世间百态
成语里的多彩故事

我恨不得让车子再快一些，恨不得一步跨进家门，恨不得一把抱起我的女儿。

这就叫"归心似箭"。

古人的比喻实在是妙极了——将盼望回家的心情比喻成了一支射出去的箭！箭，一定要用力射出去，以最快的速度飞行！箭一旦射出去，能回头吗？

京剧《四郎探母》，动人心扉。

隐姓埋名的杨四郎在辽国当了驸马，一住就是十五年。听说老母亲押运粮草来到了阵前，他思母心切，多想偷偷出营去见上一面。可是，双方正在交战，他又怎么能脱得了身？

杨四郎的那段唱词啊，要把人唱得肝肠寸断。

我有心宋营中前去探看，
怎奈我无令箭焉能出关？
我好比笼中鸟有翅难展；
我好比浅水龙被困沙滩；
我好比弹打雁失群飞散；
我好比离山虎落在平川！
思老母不由儿肝肠痛断；
想老娘不由人珠泪不干。
眼睁睁高堂母难得相见——
儿的老娘啊！

母子们要相逢除非是梦里团圆。

人为什么会"归心似箭"?

我本以为这是一个有趣的心理学现象。

不,不必从科学的角度来分析。

归心似箭,是因为有人在等你回来。

【成语溯源】

清·名教中人《好逑传》第十二回:"承长兄厚爱,本当领教,只奈归心似箭,今日立刻就要行了。"

【成语释义】

想回家的心情像射出的箭一样快。形容回家心切。

【举一反三】

反义词:浪迹天涯;乐不思蜀

造句:只见他脚下生风,不多时,穿过松林,渡过小溪,过了水月村,越过镜花岭,真是归心似箭。

九

袖手旁观

在《红楼梦》里,我最喜欢的是大观园的一副对联,上联是"世事洞明皆学问",下联是"人情练达即文章"。写得好,写得发人深省。这大人的事儿啊,就是很复杂,没有绝对的对错,让我们不得不磨砺智慧,从容应对。就比如说,有个成语叫"袖手旁观",这个成语就很耐人寻味。袖手旁观,很形象,意思是把手藏到袖子里,在一旁观看,既不过问,也不协助。注意,袖,本身是个名词,但是在这儿是当动词用的。我小时候听什么三侠五义、白眉大侠,对袖箭就很感兴趣,那不是把袖子当成箭来用的意思,而是藏在袖子里利用机关发射的一种暗器。

那么,袖手旁观,到底是对,还是不对呢?

下雪天,街上有很多积雪。开始是好事儿,可以玩儿雪啊,打雪仗。后来就不行了,结了冰,就特别影响交通,行人弄不好就是一个仰面

王钢 侃 成语

朝天，汽车就更危险了，一打滑，会出事故。这时候，总有不少热心人抡起了铁锹，开始铲雪。这时候，袖手旁观是不是不太合适？我们的心，总不能比冰雪还要冷，各扫门前雪是起码的本分。

又比如，有位老人不小心摔倒了，哎哟哎哟地起不来。你是扶还是不扶？当然，你是小孩子嘛，没有那个能力扶老人，但是看见了，

世间百态
成语里的多彩故事

就赶快去告诉大人，赶快打120，这就不是一个冷漠的袖手旁观者。

但是，我很想提醒大人们，要学会袖手旁观。小孩子刚学走路，不小心，哎哟喂，摔倒了。你是赶紧跑过去，心肝宝贝儿地叫，急急忙忙地抱，还是袖手旁观？你要是选择了抱，孩子自己学会走路的步子就会因为你的帮忙反而放慢了，更在不知不觉中培养了他的依赖之心。你要是选择了只看只鼓励而不动手，他反而会更加独立，更加勇敢，也更加能干。

又比如，俩孩子之间发生矛盾了，吵起来了，甚至动手了。亲爱的大人，你是赶紧拉开，劈头盖脸地吵一顿，还是袖手旁观，静看其变？要我说，孩子的事儿得自己解决，包括打架也是一种方式。这次他疼了，吃亏了，下次他自然会对动手更加慎重。而你的干涉，帮的是倒忙啊。

对了，最需要袖手旁观的，是下棋。观棋不语真君子，起手无回大丈夫。

【成语溯源】
唐·韩愈《祭柳子厚文》："不善为斫，血指汗颜，巧匠旁观，缩手袖间。"

【成语释义】
把手笼在袖子里，在一旁观看。比喻置身事外，既不过问，也不协助别人。

【举一反三】
近义词：漠不关心；冷眼旁观；束手旁观
反义词：挺身而出

十

原形毕露

看《西游记》，很好玩儿的一点，是看那些张牙舞爪的妖怪被打回原形。"哦，原来是一条大蜈蚣！""哦，原来是一头大青牛！""哦，原来是一只大雕啊！"

这就叫"原形毕露"。

那么，是不是只有在神话故事里，才会有"原形毕露"呢？

新朝，是历史上一个有名的短命王朝。新朝的皇帝，叫王莽。王莽在当皇帝之前，名声很好，被认为谦恭俭让，礼贤下士，是"周公再世"。这可是一个了不起的评价。周公是谁？曹操的《短歌行》中这样写道："周公吐哺，天下归心。"称王莽为"周公再世"，不只是在夸他为人好，也是在夸他很有才能，是能够振兴朝政的能臣。而他本人呢？甘愿把自己的俸禄拿出来分给门客和平民，甚至卖掉马车来接济穷人，尤其让人称道的是，自己的儿子杀死了家奴，他并不袒护，

世间百态
成语里的多彩故事

而是严厉地叱责,并逼迫儿子自杀。

可以这样说啊,王莽简直成了当时西汉举国上下的偶像,人人都认为只要王莽掌了大权,国家就不愁不能长治久安了。

后来呢?

后来王莽步步高升,直到篡夺了皇位,建立了新朝,自封为皇帝。在这一过程中,他可是没少干坏事儿,可是真正知道的人并不多。

而当他成为了皇帝之后呢?

不听他的话,就会被罢黜、流放和处死;发动战争，大兴土木，加重了老百姓的负担；天灾人祸，使老百姓生活艰难，甚至出现了人吃人的惨剧……

原来，王莽不是人们所以为的谦谦君子！

他是在不择手段地满足自己的野心！

哪里有压迫，哪里就有反抗。全国各地不断地爆发起义，不久，新朝覆灭了，王莽也被杀了……

这，是不是一个"原形毕露"的例子呢？

【成语溯源】

清·钱泳《履园丛话·十六·朱方旦》："讵意被其一火，原形已露，骨肉仅存，死期将至。"

【成语释义】

原形：原来的形状；毕：完全。本来面目完全暴露。指伪装被彻底揭开。

【举一反三】

近义词：真相大白；暴露无遗；不打自招

反义词：不露声色；藏头露尾

十一

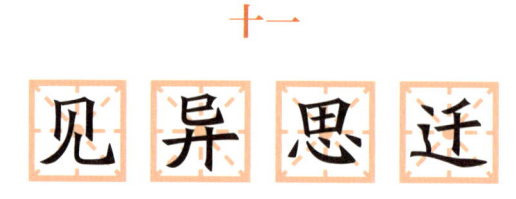

见异思迁

"见异思迁"是个贬义词。关于这一点，我们可以参考它的出处。

春秋时期，齐国相国管仲为国家的强盛作出重要的贡献，齐桓公问管仲如何使民众安居乐业，管仲说把民众分士、农、工、商四个行业分开居住，使他们便于学习与钻研本行业的技能，而不会"见异物而迁"，这样可以安居乐业。

管仲是一个绝顶聪明的人，要不，后世的很多聪明人怎么总拿他来当标杆？你对诸葛亮一定是非常熟悉的。三国里有"三绝"嘛，所谓"智绝"，说的就是诸葛亮。而诸葛亮初出茅庐那会儿，怎么夸自己的？自比管仲乐毅。哦，乐毅是谁？你感兴趣不妨也去查一查。

绝顶聪明的人出的主意，肯定也是一个绝顶聪明的主意。要说在当时，管仲不许百姓"见异思迁"是有道理的，是为了整个国家的稳定。但是，从个人发展的角度来讲，尤其是在瞬息万变的今天，要是你一

Wang gang
王钢 侃 成语
Cheng yu

世间百态
成语里的多彩故事

出娘胎，就注定必须做某一行，难道不是很无趣吗？

甚至可怕！

你没有选择的机会！

诗人臧克家写的一首诗，耐人寻味：

孩子，在土里洗澡

爸爸，在土里流汗

爷爷，在土里埋葬

说起咱们中国孩子最熟悉的童话故事，《小猴子下山》一定可以排到前面——你们听过，你们的爸爸妈妈也听过。我们所受到的教育，是不要像小猴子那样"见异思迁"，说最终一定会落得两手空空。

可是，我倒是觉得小猴子过得很快乐，它总是怀着好奇心，总是愿意追求。是啊，它这次下山是两手空空啦，可是下一回呢？下一回如果抱着大西瓜回了家，是不是比抱着玉米要更开心？

有多少人，就是害怕改变、不敢尝试，一辈子都在啃玉米，却在羡慕别人的西瓜。

见异思迁，也可能是一种勇气，是一种智慧。

王钢侃成语

【成语溯源】

《管子·小匡》:"少而习焉,其心安焉,不见异物而迁焉。"

【成语释义】

迁:变动。看见另一个事物就想改变原来的主意。指意志不坚定,喜爱不专一。

【举一反三】

近义词:三心二意
反义词:一心一意;专心致志

十二 背信弃义

小时候,我通过动画片知道了九色鹿。后来,我渐渐了解到,这个故事来源于佛教,取材于敦煌的壁画。这个故事是很美丽的,因为故事的主人公九色鹿的美丽无法用言语来形容,而比她的外表更美的,是她的心灵。她原本过着无忧无虑的生活,但是有那么一天,一个人落入水中,眼看就要被波浪吞没。九色鹿听到了呼喊,及时赶到,纵身跃入水中,救起了那个人。那个叫调达的人感激涕零,赌咒发誓,说愿追随九色鹿做忠实的仆人,永不变心。九色鹿当然不需要他做什么仆人,只是叮嘱他千万不要把自己的行踪泄露给别人惹来麻烦。调达答应了,还说如果自己背信弃义,就浑身长疮!

可是,人心隔肚皮啊,你怎么知道他是好人还是坏人?尤其是在面对诱惑的时候,才能真正考验一个人的品行。

不久,王后在梦中见到了九色鹿,她一心想得到九色鹿的皮毛,

就对国王说如果心愿不能达成,就死在他面前。

国王无奈,张贴皇榜,说如果谁能找到九色鹿,就可以分到一半的国土,还能得到黄金白银。

调达一看到皇榜,就把自己的誓言抛到了九霄云外!他带领国王的军队,包围了九色鹿……

人生活在这个世界上,绝不可能做孤家寡人,自个儿过自己的日子,而是要和其他人发生联系,所以为人处世是一门很重要的学问。而为人处世的基本原则呢,儒家讲究的是"仁义礼智信,温良恭俭让"。如果我们遵照这样的准则,就能受到大家的欢迎,而如果违背了这一准则呢,就会处处碰壁,四面楚歌,最终陷入穷途末路。

背信弃义的调达最终下场凄惨,那是咎由自取。同"背信弃义"

世间百态
成语里的多彩故事

相似的成语，还有"忘恩负义""恩将仇报"等。对了，你知道《农夫与蛇》的故事吗？想一想，那条蛇的所作所为，用哪个成语形容更准确？

【成语溯源】

《北史·周本纪下·高祖武帝》："背惠怒邻，弃信忘义。"

【成语释义】

背：违背；信：信用；弃：扔掉；义：道义。违背诺言，不讲道义。

【举一反三】

近义词：见利忘义；自食其言；言而无信

反义词：恪守不渝；一诺千金

十三

哭笑不得

如果读一读爸爸妈妈们用"哭笑不得"造的句子，那是超级欢乐。

我一觉醒来，发现自己的肚皮上有个小乌龟！没错儿，这是我儿子的杰作。他还得意扬扬地问我，爸，我是不是一个艺术家？真让人哭笑不得！

打开冰箱，发现每个苹果都不完整了……我正要发火，女儿扯扯我的裙子，说："妈妈，我尝过了，这个苹果是最甜的，给你吃好啦！"我还能说什么？哭笑不得！

他们俩的房间简直成了一个垃圾场！可他们还玩儿得那么高兴，正在床上跳啊跳啊，每一次腾空而起都要摆一个新造型！哥哥还对弟弟说："一会儿咱们多吃点儿饭，妈妈一定会更高兴！"哦，天哪！哭笑不得……

"爸爸，我把你的剃须刀修好了！"天！我的宝贝，你确定用透明胶把它缠成了木乃伊就是修好了吗？老爸我表示哭笑不得！

成语里的多彩故事

不过，孩子们有时也会觉得大人们做的事情让人哭笑不得。

妈妈不许我喝可乐，说对身体不好，还不如喝白开水呢。可是，那天晚上，我抓住了爸爸和妈妈偷偷喝可乐！哼，你们俩怎么跟小孩儿似的？真让人哭笑不得！

爸爸总是吹牛说自己小时候比我聪明，可是你猜怎么着？我在一本发黄的日记本里发现了一

王钢侃成语
Wang gang Cheng yu

张试卷，不及格！名字，当然是老爸的！

最有意思的是我奶奶。她总是嘟囔，说妈妈太浪费了，这酸奶说是过期了，可是闻上去没什么不好啊。然后，她就偷偷地喝了……结果当天晚上就闹肚子，哎哟哎哟地叫唤。我爸爸妈妈都哭笑不得。

生活是多么有趣。

因为我们身边有着这么多有趣的人。

"哭笑不得"，本身就是一个有意思的词儿。这个词儿里有哭有笑，可是我们在用它的时候，却发现，重点还是笑啊。

那是因为，既然事情已经发生，不妨笑着接受，才会让自己快乐起来。

【成语溯源】
元·高安道《哨遍·皮匠说谎》："好一场恶一场，哭不得笑不得。"

【成语释义】
哭也不好，笑也不好。形容很尴尬。

【举一反三】
近义词：啼笑皆非；不尴不尬
反义词：落落大方；泰然处之

十四

只许州官放火，不许百姓点灯

请问，你听说过"避讳"吗？在一部古代典籍《公羊传》里有这么一句："为尊者讳，为亲者讳，为贤者讳。"怎么讲呢？就是对于君主和尊长的名字，必须避免直接说出或写出。举个例子，东汉的时候，秀才不叫秀才，叫什么啊？叫茂才。为什么呢？因为东汉的开国皇帝，叫刘秀。又比如说，大诗人杜甫的父亲叫杜闲，于是杜甫写了一辈子诗，竟然没有用过一个"闲"字。

幸好啊，今天的我们不用守这个规矩，要不然话都没法说了。

宋代有个叫田登的，做州官时，哦，也就是相当于现在的市长，自己规定要避讳他的名字，谁误犯了他的名字就生气，吏卒大多因此挨鞭子挨板子。别小看这一个字的避讳，挺麻烦。哎，天气不错，咱们去登山吧？不行，你得说，爬山。哎，天黑了，把灯给点上吧？不行，你得说把火点上。哎，你要是去得早啊，就多等我一会儿？不行，你

得说……就多候我一会儿。总而言之，言而总之，不能说"dēng"这个音。诗人陆游就在《老学庵笔记》里写了这么一件事儿："上元放灯，许人入州治游观，吏人遂书榜揭于市曰：'本州依例放火三日。'"

这就是"只许州官放火，不许百姓点灯"这个成语的由来。

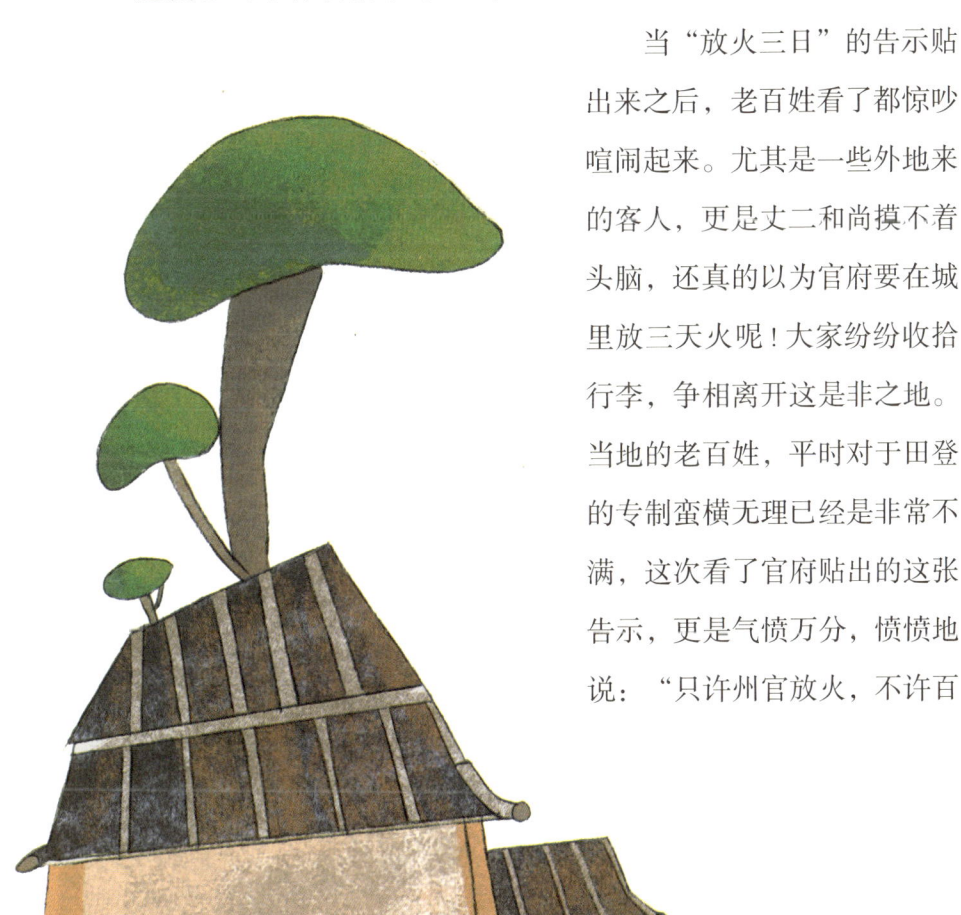

当"放火三日"的告示贴出来之后，老百姓看了都惊吵喧闹起来。尤其是一些外地来的客人，更是丈二和尚摸不着头脑，还真的以为官府要在城里放三天火呢！大家纷纷收拾行李，争相离开这是非之地。当地的老百姓，平时对于田登的专制蛮横无理已经是非常不满，这次看了官府贴出的这张告示，更是气愤万分，愤愤地说："只许州官放火，不许百

世间百态
成语里的多彩故事

姓点灯,这是什么世道!"

今天,人们用这个成语,比喻只许自己任意而为,不许他人有正当的权利。

【成语溯源】

宋·陆游《老学庵笔记》卷五:"田登作郡,自讳其名,触者必怒,吏卒多被榜笞。于是举州皆谓灯为火。上元放灯,许人入州治游观,吏人遂书榜揭于市曰:'本州依例放火三日。'"

【成语释义】

形容统治者为所欲为,却限制人民自由。亦泛指自己任意而行,反而严格要求别人。

【举一反三】

近义词:肆意妄为

造句:可是你"只许州官放火,不许百姓点灯"。我们偶说一句妨碍的话,你就说不吉利。

十五

此地无银三百两

你知道吗，有时候看书会看到让人很无语的桥段。嗯？你没发现过？我给你讲一个成语，唉……大概也许似乎仿佛应该……是最让人无语的成语吧？为什么无语呢？因为这个成语的主人公，唉！欲知详情，咱们慢慢道来。

从前有个人叫张三，喜欢自作聪明。他积攒了三百两银子，这可是一大笔财产啊。他心里很高兴，但是也很苦恼，怕这么多钱被别人偷走，不知道存放在哪里才安全。带在身上吧，很不方便，三百两，相当于今天的十九斤！那天天背着的确是个力气活儿。放在抽屉里吧，他也觉得不妥当，小偷万一进了屋，第一个目标就是抽屉啊。他捧着银子，冥思苦想，最后终于想出了自认为最好的方法。晚上，张三在自家房后的墙角下挖了一个坑，悄悄把银子埋在里面。埋好后，他还是不放心，害怕别人怀疑这里埋了银子。于是，他灵机一动，在一张

世间百态
成语里的多彩故事

王钢侃成语
Wang gang Cheng yu

白纸上写上"此地无银三百两"七个大字，贴在坑边的墙上。到这会儿，张三才算是把心给放下了，踏踏实实睡觉去了。

张三不知道的是，他一整天心神不定的样子，早已经被邻居王二注意到了，晚上，王二又听到屋外有挖坑的声音，感到十分奇怪。就在张三回屋睡觉时，王二悄悄溜出来，借着月光，看到墙角上贴着纸条，写着"此地无银三百两"七个大字。哈哈，王二恍然大悟。他轻手轻脚地把银子挖出来后，再把坑填好。王二回到自己的家里，见到眼前白花花的银子高兴极了，但又害怕起来。他一想，如果明天张三发现银子丢了，怀疑是我怎么办？于是，他也灵机一动，拿起笔，在纸上写下"隔壁王二不曾偷"七个大字，也贴在坑边的墙角上。

这一对儿活宝，一个"此地无银三百两"，一个"隔壁王二不曾偷"，真是自作聪明，半斤八两！

【成语溯源】
民间故事：有人把银子埋藏地下，上面留字写道："此地无银三百两"。邻人王二偷走了银子，也留字写道："隔壁王二不曾偷"。

【成语释义】
比喻想要隐瞒掩饰，结果反而暴露。

【举一反三】
近义词：欲盖弥彰；不打自招
反义词：表里如一

十六

彪形大汉

看着今天的孩子,我就时常想起小时候的自己。

特别是在巡讲的时候,一看到那瘦瘦小小的男孩儿,我就会忍不住抱起来,然后告诉大家:"他跟我太像了!"

真的。

今天的孩子写作文,写我,总会写"王钢老师高高的,很帅……"可是在很多年前,当我还是一个小男孩儿的时候,从来都是班里个子最小的,小到会被同学骑到身上欺负,小到当我的帽子被扔来扔去的时候,我拼命地跳起来也够不着。

我每每抱起那瘦瘦小小的男孩儿,都会认认真真地说:"你一定会长高的,一定会很强壮,也一定会成为最优秀的自己!"

真的。

你看,我现在不就不再是"小豆芽"了吗?而且,我现在也很幸福。

王钢侃成语
Wang gang Cheng yu

嗯，还是拐回来说小时候——小时候，我对"彪形大汉"这个词儿很着迷。哇，多酷！彪形大汉！如果我能成为彪形大汉，不仅不会被人欺负，而且也会拯救银河系！

那么，"彪"是什么意思呢？第一个意思，是虎身上的花纹，嗯，看看这个字是怎么写的，就能猜到；第二个意思，是小老虎；第三个意思，显然是引申而来的，指身躯魁梧。

不过，随着我慢慢长大，发现"彪形大汉"不多见。而那些"非彪形大汉"，倒是表现出了令人敬佩的勇气和力量。历史中的人物就更多了——谭嗣同不就是一个读书人吗？他慨然走向刑场，留下了"我自横刀向天笑"的不朽诗句。

正如鲁迅先生所言：

世间百态
成语里的多彩故事

"我们从古以来,就有埋头苦干的人,有拼命硬干的人,有为民请命的人,有舍身求法的人,……虽是等于为帝王将相作家谱的所谓'正史',也往往掩不住他们的光耀,这就是中国的脊梁。"

原来,一个人的强大,不在于身躯的魁梧,而是在于心灵的高尚。

【成语溯源】
明·施耐庵《水浒传》第六十七回:"只见外面走入个彪形大汉来,喝道:'你这黑厮好大胆!谁开的酒店,你来白吃不肯还钱!'"

【成语释义】
彪:小老虎,比喻躯干壮大;汉:男子。身材高大、结实的男子。

【举一反三】
近义词:五大三粗;人高马大;孔武有力
反义词:弱不禁风;质似薄柳;瘦骨伶仃

十七

破天荒

一天，我在公交车上听到一位妈妈和儿子聊天，特别有意思。妈妈说："今天你爸爸破天荒地请我喝了一杯咖啡，特幸福。"儿子一听就乐了，要打电话给爸爸。他想跟爸爸说什么？他说的是："喂，老爸，你也给我破天荒一回吧？"

什么叫"破天荒"？

天荒，本指混沌未开的原始状态，比如盘古开天地。这里的天荒是指荒凉而落后的地区。唐朝啊，人们把荆南地区称作"天荒"，是讥笑那里几十年没能有一个人考上举人。

唐宣宗大中四年，终于有个叫刘蜕的荆南考生考中了，总算破了"天荒"。当时，魏国公得知刘蜕考中进士，便写信表示祝贺，并赠他七十万"破天荒"钱。刘蜕不肯接受，还写了封回信，他写道："五十年来，自是人废；一千里外，岂曰天荒。"

世间百态
成语里的多彩故事

所以，古人常用"破天荒"来表示突然得志扬名。现在用来指从未有过或第一次出现的新鲜事儿。

怎么用呢？

我打小数学就不好，每次考试，连爬上九十分都难。可是有那么

王钢侃成语

Wang gang Cheng yu

一天，我竟然考了一个一百分！而且是和另一个同学并列第一！哎哟喂，这可真是破天荒！

老爸从来都不太乐意刷碗，偶尔被妈妈要求帮忙，那屁股啊，就好像有千斤重，又好像用强力胶水粘在了沙发上，死活也不动一下。可是昨天，他竟然破天荒地主动刷碗！真是值得表扬，希望再接再厉！

对喽，有一句话也常常跟破天荒联系在一起。"太阳打西边出来了。"你是不是也听说过呢？太阳当然不可能从西边出来，人们说这句话啊，表达的也是深感意外之情。

好吧，亲爱的你，准备破天荒一回不？比如，破天荒地自己把衣服给洗啦？哦，不，这样的事情，应该是习以为常才对。

【成语溯源】

宋·孙光宪《北梦琐言》第四卷："唐荆州衣冠薮泽，每岁解送举人，多不成名，号曰天荒解。刘蜕舍人以荆解及第，号为'破天荒'。"

【成语释义】

指从来没有出现过的事。

【举一反三】

近义词：前所未有
反义词：司空见惯

十八 缓兵之计

说起打仗，有个原则很重要，叫"兵贵神速，速战速决"，也就是说要趁着敌人立足未稳、惊魂未定，一举出击，战而胜之。知道"飞夺泸定桥"吧？为什么说是"飞夺"，因为那场胜利的前提是红军战士连夜急行军，哪怕大雨浇灭了火把也片刻不停，抢在敌人的援军之前抵达了泸定桥边。二战时期德国名将古德里安的闪电战就更厉害了，二十七天内征服了波兰，一天内征服丹麦，二十三天内征服挪威，五天内征服荷兰，十八天内征服比利时，三十九天内征服号称"欧洲最强陆军"的法国！

进攻的一方求快，防守的一方呢，当然希望敌人能够慢一些，给自己组织防御争取时间。缓，就是慢的意思，组词——缓慢。缓兵之计，就是拖延时间，再想办法。

这样的策略，不仅仅可以用在行军打仗上，在我们的生活里也是

王钢侃成语
Wang gang Cheng yu

有应用的。

你的爸爸妈妈经常用。"爸爸妈妈，这个周末咱们可以出去玩儿吗？""可以啊！等爸爸忙完了手头的事儿啊。""到底去不去玩儿啊？""急什么？到时候再说！"听听，"到时候再说"，就是一个典型的缓兵之计，既没有完全答应，又没有完全拒绝。至于到时候到底怎么样，嘿嘿，那就不好说了，但至少现在你是没有理由软磨硬泡了。

你有时也会用啊。"王小钢，你的作业怎么没有交？""呀，老师，我的作业忘带了，明天一定交给您！"听听，忘带了！说不定，那作业就在书包里装着呢，只是没写完！但是用了缓兵之计，那就为自己争取了一天的时间来补！这个，不太好，你没写就是没写，坦白讲就是，然后保证当天补好呗。相信通情达理的老师也不会像老虎一样吃掉你！

【成语溯源】
明·罗贯中《三国演义》第九十九回："孔明用缓兵之计，渐退汉中，都督何故怀疑，不早追之？"

【成语释义】
延缓对方进攻的计策。指拖延时间，然后再想办法。

【举一反三】
近义词：权宜之计
反义词：速战速决；兵贵神速

十九 捕风捉影

先念一首诗：

重重叠叠上瑶台，几度呼童扫不开。
刚被太阳收拾去，又教明月送将来。

这首小诗，很像是一个谜语。你能猜到谜底吗？

这首小诗的题目，就是《花影》，作者呢，是南宋诗人谢枋得。

小时候，我觉得影子是特别神奇的玩意儿。

它怎么就总跟着我呢？怎么会一会儿长一会儿短？我甚至还想，有没有可能把影子剪下来？有没有可能把影子抓起来？

后来，我长大了，从书本上学到了很多知识，明白了很多道理，却失去了幻想。

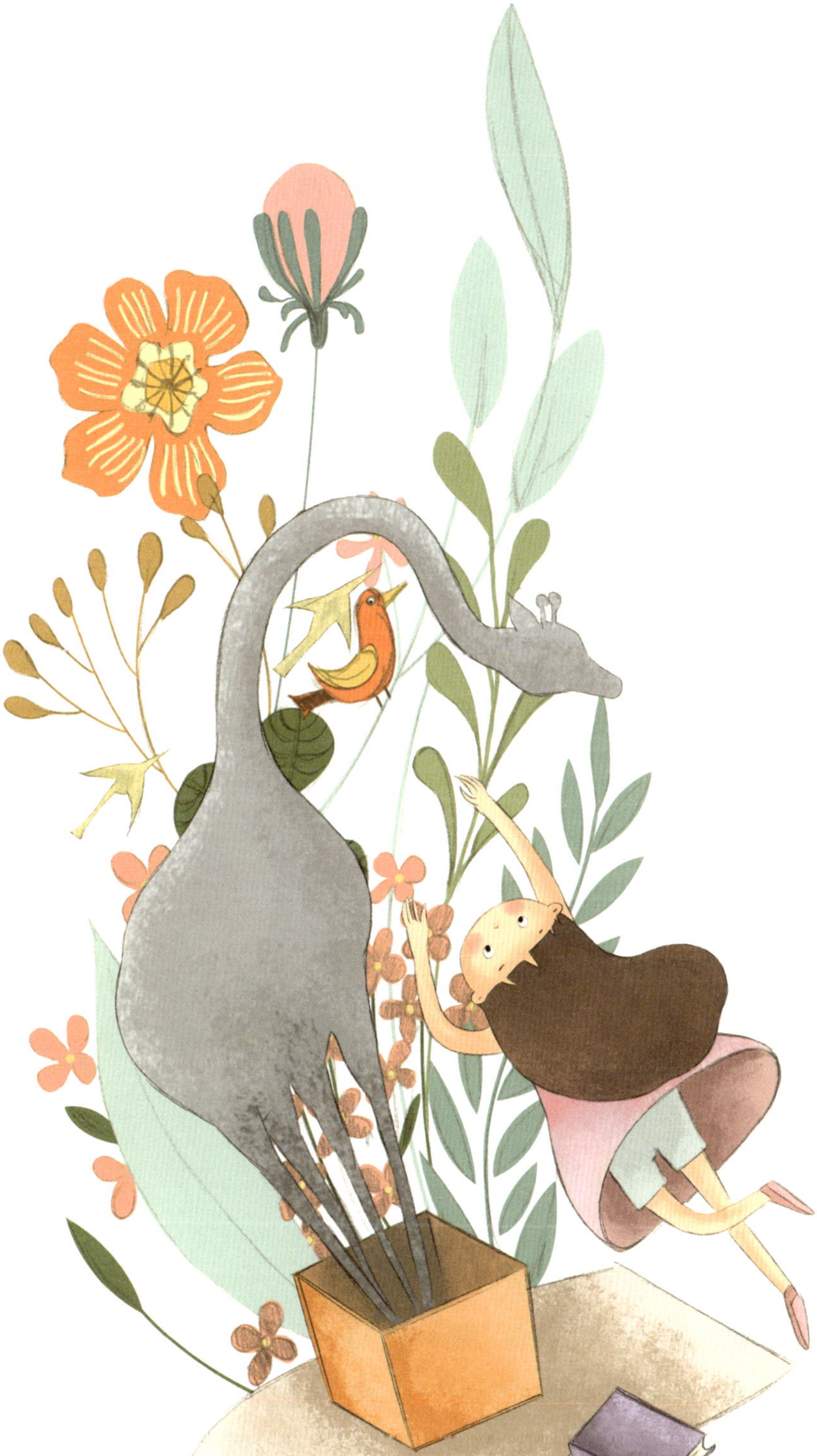

世间百态
成语里的多彩故事

唉，我亲爱的小朋友，我多希望你就算是长大了，也保留一点儿天真，一点儿孩子气……

在国外，也有与影子有关的文学作品。

德国作家米切尔·恩德的童话《奥菲利娅的影子剧院》，就是一部经典之作。

奥菲利娅热爱戏剧，却因为声音太小而只能藏在箱子里为演员提词。后来，她老了，失业了，四处流浪。她收留了很多没有主人的影子。这些影子，会在她的房间里张牙舞爪，也会老老实实地藏在她的手提包里，它们还学会了表演戏剧。

哦，最后，可敬的奥菲利娅遇到了一个最黑最大的影子，那是死神。

最后的最后呢？

请原谅，我不能给你透露太多了。

王钢侃成语

Wang gang Cheng yu

这本书你真应该自己好好地读一读才好,也许你会跟我一样感动,甚至也会任热泪涌出眼眶来。

"捕风捉影",是一个贬义词,比喻说话做事没有确切的事实根据,或无事生非。在生活中,捕风捉影的人往往不受欢迎,自己也不会快乐。

可是,对于作家来说,却常常要"捕风捉影",展开想象,去讲述精彩乃至于伟大的故事。

【成语溯源】

东汉·班固《汉书·郊祀志》:"听其言,洋洋满耳,若将可遇;求之,荡荡如系风捕景,终不可得。"

【成语释义】

风和影子都是抓不着的。比喻说话做事丝毫没有事实根据。

【举一反三】

近义词:望风捕影;无中生有;道听途说
反义词:实事求是;耳闻目睹;确凿不移

二十 明修栈道，暗度陈仓

有一回，我到陕西省宝鸡市巡讲。一下车，"炎帝故里，陈仓古城"几个字就映入眼帘。咦？陈仓？难道这就是"明修栈道，暗度陈仓"的发源地？

项羽自封为西楚霸王后，把巴、蜀、汉中三郡分封给刘邦，立为汉王。项羽这么做，是有意把这头猛虎关在笼子里——汉军进入汉中之后，只有修建在悬崖峭壁上的栈道与外界相连，何况还有章邯等三位秦朝的降将守在这里，虎视眈眈。

刘邦呢，采纳了张良的计谋，令部下烧毁了栈道，他这是向项羽表明自己没有向东扩张的意图，可实际上，他怎么能甘心呢？没过多久，刘邦就决心挥师东进。

陈仓是刘邦进入关中的必经之地，两地之间有险山峻岭阻隔，又有重兵把守。刘邦按韩信的计策派了樊哙带领一万人去修五百里栈道，

王钢侃成语

并以军令限一月内修好。当然,这样浩大的工程即使三年也不可能完成。

正是这一点,迷惑了陈仓的守将,他们万万没想到刘邦的精锐部队抄小路翻山越岭杀了过来!

"明修栈道,暗度陈仓",在军事上的含义是:从正面迷惑敌人,用来掩盖自己的攻击路线,而从侧翼进行突然袭击。引申开来,是指用明显的行动迷惑对方,使人不备的策略,也比喻暗中进行活动。

要说人类历史上,"明修栈道,暗度陈仓"的运用最为成功的案例,当属二战中的"诺曼底登陆",这也是迄今为止规模最大的一次登陆战役,盟军投入兵力近三百万人。你知道吗?为了促成这一战役的成功,同盟国的情报部门投入了大量的人力物力,把德军蒙在了鼓里,

世间百态
成语里的多彩故事

直到战役打响后，德军仍坚定地认为"这不是真的"。如果你感兴趣，不妨做一下了解，一定叹为观止！

哈，小时候的我，桌子上摆着的是课本，抽屉里藏的却是课外书……这算不算"明修栈道，暗度陈仓"？

【成语溯源】

元·尚仲贤《气英布》第一折："孤家用韩信之计，明修栈道，暗度陈仓，攻完三秦，劫取五国。"

【成语释义】

陈仓，古县名，在今陕西省宝鸡市东。
指刘邦将从汉中出兵攻项羽时，故意明修栈道，迷惑对方，暗中绕道奔袭陈仓，取得胜利。

【举一反三】

近义词：明争暗斗
造句：我以为他已经认输，却不想他明修栈道，暗度陈仓，瞬间杀了我一个回马枪，这局棋我输得心服口服。

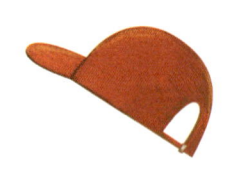

二十一

耿耿于怀

总有一些小事儿，会影响我们的情绪。

一次考试没考好？哎呀，我就是因为看错了一个小数点儿而没有得到一百分！

丢了最心爱的一支笔？那是我姑姑送给我的生日礼物，我超喜欢的，才用了两天！

错过了一部新电影？我爸爸总是说有空了就带我看，可是他一直没有空啊没有空，眼睁睁地就看着那部电影下了线！

人生不如意，十之八九。

过年的时候，我们见了面，总是要互相祝福"新春快乐，万事如意"。

可实际上，哪儿有"万事如意"的生活？就是神仙，也有不开心的时候啊！"嫦娥应悔偷灵药，碧海青天夜夜心"……

问题是，这些小事儿会影响我们多久？

世间百态
成语里的多彩故事

有的，可能转脸就忘。有的，则可能始终放在心头。有的，我们以为忘记了，可是在某个时刻，却会不动声色地冒出来。

我曾经参加过一个电视节目，就是那种智力竞赛。我本来是志在必得的。预赛时，工作人员就惊叹，说："你的知识面太广了，怎么连叶子落在地上时哪面朝上都知道？"

可是，在决赛中，我却发挥失常。倒不是答不上来，而是抢不过

Wang gang
王钢 侃 成语
Cheng yu

人家！我是眼睁睁地看着对手抢到了回答的机会又犹犹豫豫，自己却不得不把那个就要脱口而出的答案压在舌头底下！

最后的结果，我不但没有拿到冠军，连第二名也没拿到。哈哈，手不快，心理素质也不行啊，一着急就走神，一走神就接二连三地错失良机。

我的朋友对我说："你的失误，就在于第一次被抢走了机会之后耿耿于怀，没有及时调整好状态继续比赛。"

他说得对。

当一个人纠结于以往的时候，就会连眼下的生活也过不好，更不要说赢得未来的幸福了。

电影《太极张三丰》中有一句台词："放下负担，奔向新生命"。

对啊，不要"耿耿于怀"！

【成语溯源】
《诗经·邶风·柏舟》："耿耿不寐，如有隐忧。"

【成语释义】
耿耿：有心事的样子。不能忘怀，牵萦于心。

【举一反三】
近义词：牵肠挂肚；念念不忘；铭心镂骨
反义词：无介于怀；若无其事

二十二

难兄难弟

时间是个魔法师,能够改变很多,就连好多成语的意思都随着时间发生了改变。

"难兄难弟"这则成语的意思原比喻兄弟才德都好,难分高下。后来多比喻两人同样坏。而今天,人们却往往把这个词儿念作"难(nàn)兄难(nàn)弟",意思是——两个人同样倒霉!

先翻书,介绍一下。在南北朝的时候,有一本书,很精彩,叫《世说新语》,专门用短小的篇幅来介绍一些好玩儿的人和事儿,有点儿像今天的微博。在这本书里,专门讲了一对兄弟的故事,原话说的是:"元方难为兄,季方难为弟。"

颍川有个叫陈寔的人,自幼好学,办事公道。后来做了县官,更是廉洁奉公,百姓很佩服他。他的大儿子叫元方,小儿子叫季方,也有很高的德行。

王钢 侃 成语
Wang gang Cheng yu

元方后来被朝廷任命为侍中,又想让他当司徒官,但是他不干,朝廷又封他为尚书令。因为陈寔、元方、季方的声望极高,当时豫州的城墙上,都画着他们父子三个的图像,让百姓学他们的品德。

元方有个儿子叫长文,季方有个儿子叫孝先。有一天,他们为自己父亲的功德争论起来,都说自己的父亲功德高,争来争去没有结果,便一同来请祖父陈寔裁决。陈寔想了一会儿,对两个孙子说:"元方难为兄,季方难为弟。他俩的功德都很高,难以分出上下!"两个孙子满意而去了。

听明白了吗?

这兄弟两个,很受人敬仰,这兄弟两个的儿子,却有点儿虚荣,

世间百态
成语里的多彩故事

而这兄弟两个的父亲，则是很会和稀泥。（插播广告：这个"和稀泥"的"和"字，是个多音字，有五个音，你查查？）

对，必须得说说多音字。"难（nán）兄难弟"，和"难（nàn）兄难弟"，读音不同，意思一下子就来了个大变样。所以，读音准确是非常重要的。有很多成语，都容易被读错。我考考你，第一个：否极泰来。第二个：心宽体胖。第三个：羽扇纶巾。第四个：一蹴而就。第五个：自怨自艾。第六个……算了，先说这么多，每个二十分，你能得几分？

【成语溯源】
南朝宋·刘义庆《世说新语·德行》："太丘曰：'元方难为兄，季方难为弟。'"

【成语释义】
①指共过患难的人或彼此处于同样困境的人。②兄弟两人德才都很好，很难分出高下。多用于表示两人的才识、品德都受人敬重。也作"难弟难兄"。

【举一反三】
近义词：患难之交；伯仲之间
反义词：反目成仇；恩断义绝